D0894570

John Willis

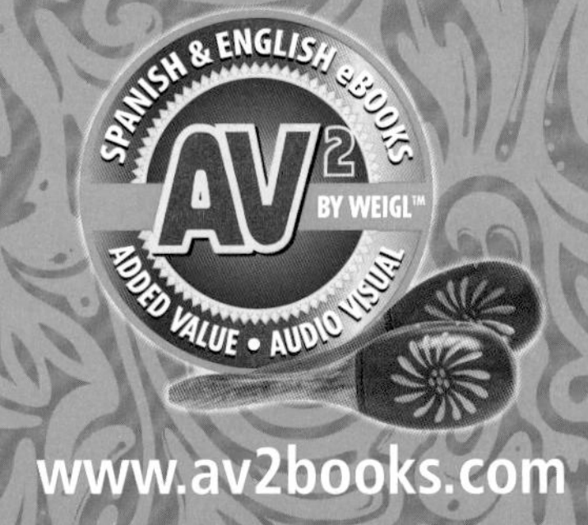

www.av2books.com

Visita nuestro sitio www.av2books.com e ingresa el código único del libro.
Go to www.av2books.com, and enter this book's unique code.

CÓDIGO DEL LIBRO
BOOK CODE

F 3 3 7 2 4 6

AV² de Weigl te ofrece enriquecidos libros electrónicos que favorecen el aprendizaje activo.
AV² by Weigl brings you media enhanced books that support active learning.

El enriquecido libro electrónico AV² te ofrece una experiencia bilingüe completa entre el inglés y el español para aprender el vocabulario de los dos idiomas.
This AV² media enhanced book gives you a fully bilingual experience between English and Spanish to learn the vocabulary of both languages.

Spanish

English

Navegación bilingüe AV²
AV² Bilingual Navigation

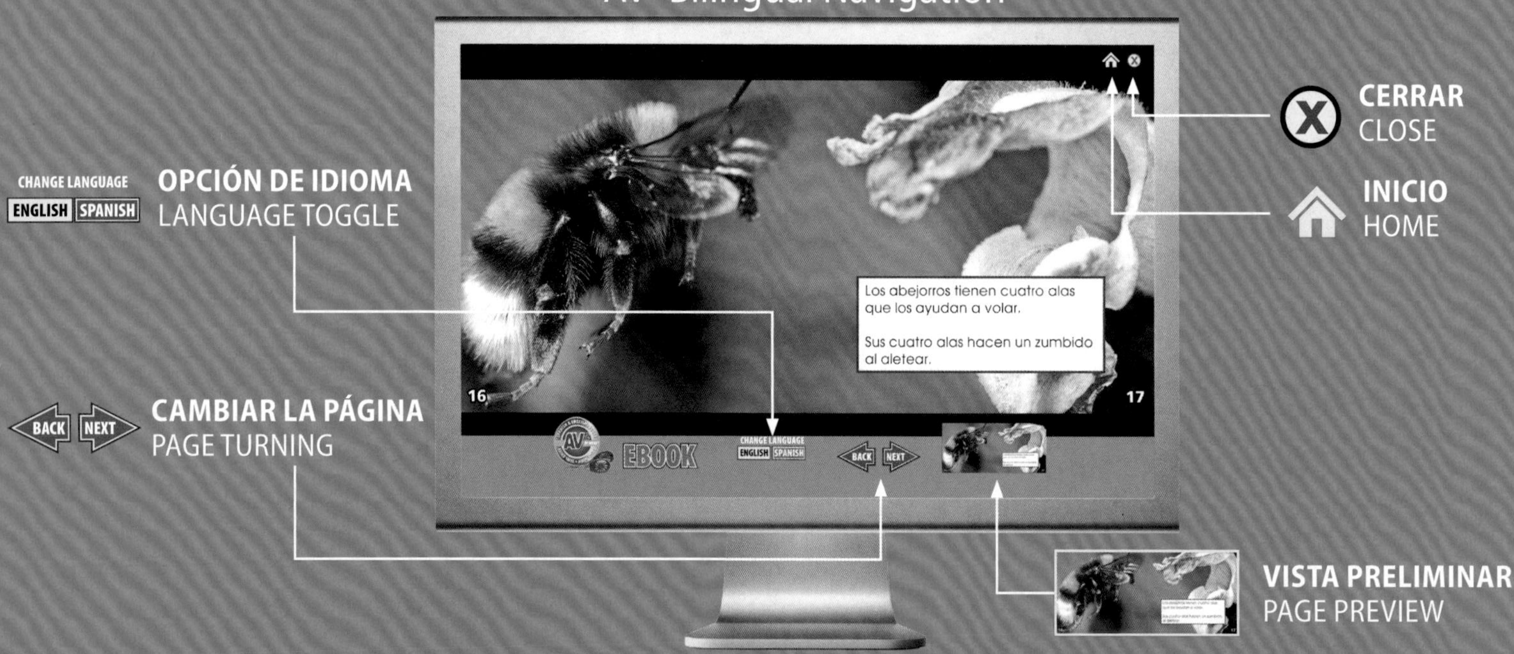

Los grillos

ÍNDICE

Este es el grillo.

Los grillos son insectos. Tienen largas antenas y grandes ojos.

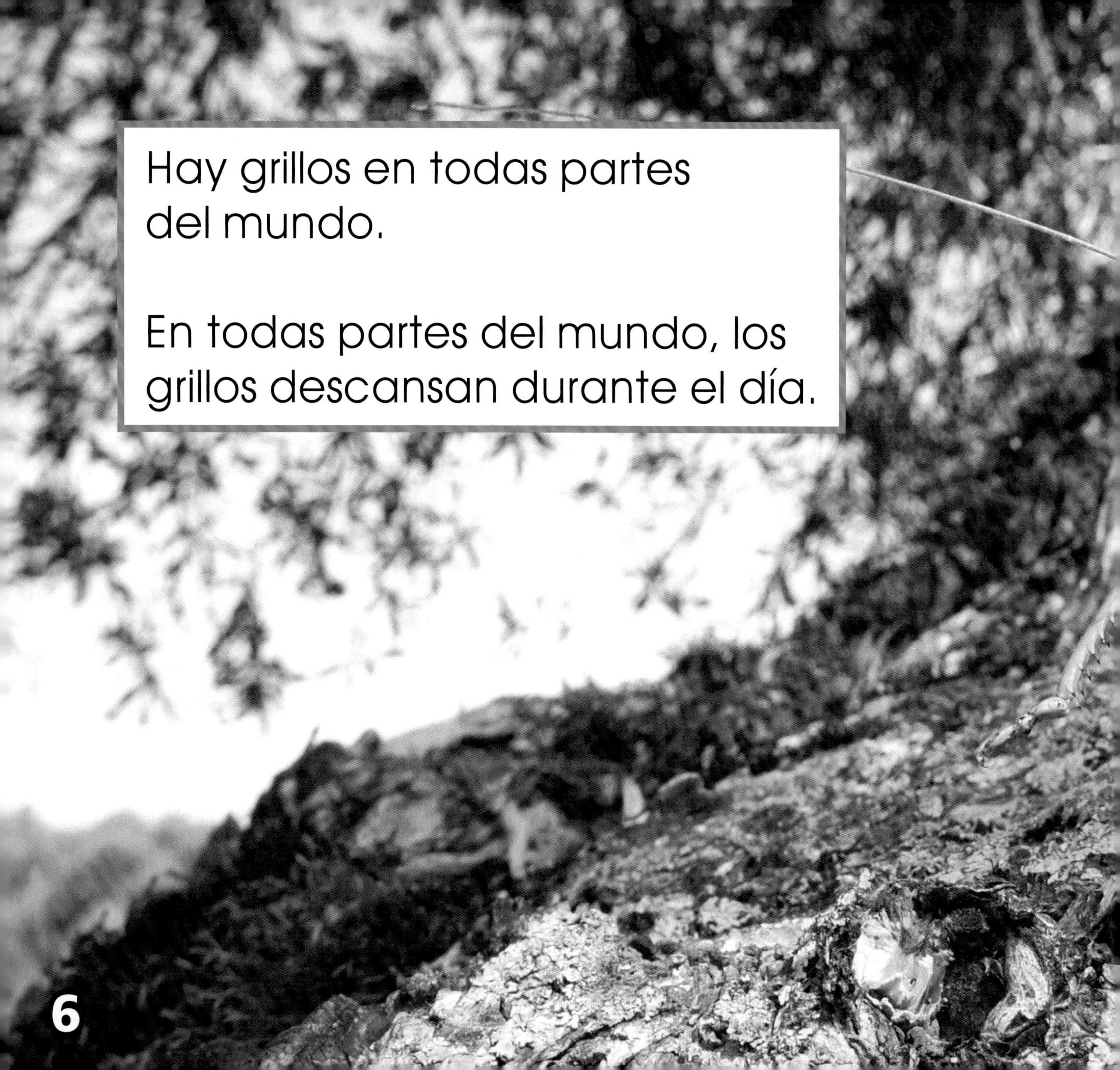

Hay grillos en todas partes del mundo.

En todas partes del mundo, los grillos descansan durante el día.

7

Los grillos nacen cuando salen de los huevos.

Cuando salen de los huevos, los grillos parecen adultos pequeños.

Los grillos bebés se llaman ninfas.

Las ninfas crecen
cambiando su piel.

Los grillos machos emiten un chirrido.

Con los chirridos, los grillos se comunican entre sí.

Los grillos tienen fuertes patas traseras.

Con sus fuertes patas traseras,
los grillos pueden saltar muy lejos.

16

Algunos grillos viven debajo de la tierra.

Debajo de la tierra, los grillos están protegidos.

Los grillos comen plantas
y otros insectos.

Comiendo plantas e insectos, los grillos tienen todo lo que necesitan para estar sanos.

Los grillos son importantes
en la naturaleza.

En la naturaleza, los grillos ayudan
a controlar las plagas.

DATOS SOBRE LOS GRILLOS

Estas páginas contienen más detalles sobre los interesantes datos de este libro. Están dirigidas a los adultos, como soporte, para que ayuden a los jóvenes lectores a redondear sus conocimientos sobre cada criatura presentada en la serie *Insectos fascinantes*.

Páginas 4–5

Los grillos son insectos. Son parientes de los saltamontes y las langostas. Se los suele confundir con los saltamontes, pero los grillos tienen antenas mucho más largas. A veces, estas antenas pueden ser más largas que el propio cuerpo del grillo. Los grillos usan sus antenas para sentir y oler su entorno. Los grillos también tienen un rango visual muy amplio.

Páginas 6–7

Hay grillos en todas partes del mundo. Hay grillos en todos los continentes excepto la Antártida. Algunos grillos prefieren un ambiente húmedo, mientras que otros prefieren los desiertos. Los grillos son nocturnos, es decir, son más activos por la noche. Si bien la mayoría de los grillos vive afuera, cada vez se encuentran más grillos viviendo adentro de las casas. Hay otras especies, como el grillo-topo, que son excavadores expertos y pasan la mayor parte del tiempo bajo la tierra.

Páginas 8–9

Los grillos nacen cuando salen de los huevos. Algunas hembras usan un tubo llamado ovipositor para poner huevos. Generalmente los entierran en el suelo o dentro de los tallos de las plantas. Así se aseguran de que los huevos sobrevivan el tiempo suficiente para eclosionar. Los huevos tardan dos semanas en eclosionar, dependiendo de la temperatura y la especie de grillo. Sin embargo, los huevos de grillo a veces pueden permanecer cerrados durante todo un invierno.

Páginas 10–11

Los grillos bebés se llaman ninfas. Cuando nacen, los grillos parecen pequeños adultos pero sin alas. Los grillos tienen una coraza externa llamada exoesqueleto, que no puede crecer con el resto del insecto. Para poder crecer, los grillos mudan, o cambian, su exoesqueleto. Lo hacen entre ocho y diez veces a lo largo de su vida. Cuando crecen, algunas ninfas desarrollan alas, dependiendo de la especie.

Páginas 12–13

Los grillos machos emiten un chirrido. Los grillos son conocidos por su canto, un sonido que hacen frotando sus alas. Utilizan diferentes sonidos para atraer a las hembras o para alejar a los intrusos. Los grillos se escuchan entre sí con unos órganos muy potentes parecidos a los oídos llamados tímpanos, que tienen en sus patas delanteras. Se puede saber la temperatura en grados Fahrenheit con el canto del grillo. Simplemente, hay que contar cuántas veces canta en 15 segundos y luego agregar unos 40.

Páginas 14–15

Los grillos tienen fuertes patas traseras. Los grillos, al igual que los saltamontes, tienen patas traseras muy fuertes. Ante algún peligro, el grillo intenta alejarse de la amenaza saltando. Algunas especies pueden saltar hasta 2 pies (0,6 metros). Aunque usan las alas para emitir sonidos, algunos grillos también pueden usarlas para volar.

Páginas 16–17

Algunos grillos viven debajo de la tierra. El grillo-topo está emparentado con los grillos. Tienen extremidades delanteras especialmente adaptadas para cavar agujeros rápidamente y moverse por debajo de la tierra. Los grillos-topo pasan la mayor parte de su vida bajo tierra, mayormente desplazándose justo por debajo de la superficie durante la temporada de apareamiento. Excavan varios tipos diferentes de madrigueras. Algunas solo sirven para amplificar el sonido de su canto.

Páginas 18–19

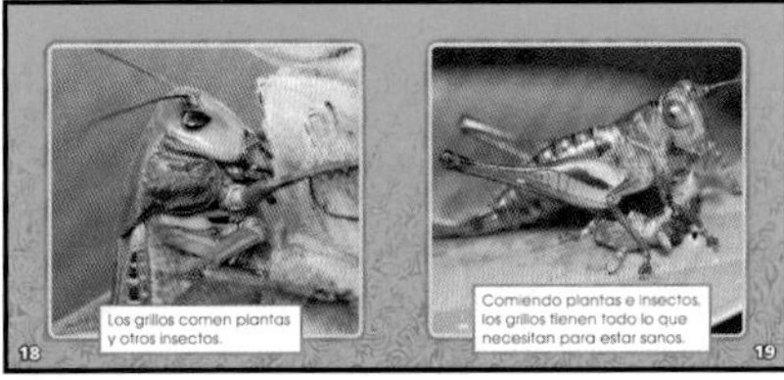

Los grillos comen plantas y otros insectos. Los grillos son omnívoros, es decir, comen vegetales y carne. Al igual que los saltamontes, los grillos tienen una boca diseñada para morder y masticar. Algunas especies, como los grillos domésticos, pueden ser consideradas plagas porque comen tela y lana. Cuando los grillos se comen a otros animales, por lo general buscan presas vulnerables, como huevos y pupas, y no suelen ser cazadores activos.

Páginas 20–21

Los grillos son importantes en la naturaleza. Comen una gran variedad de materia vegetal, incluidas las semillas de malezas como la digitaria, la diodia y la ambrosía. Existe un registro de un grillo que se comió 200 semillas de bledo en un solo día. Los grillos también comen los huevos de animales que son plagas, como los saltamontes, ayudando a controlar su población.

¡Visita www.av2books.com para disfrutar de tu libro interactivo de inglés y español!

Check out www.av2books.com for your interactive English and Spanish ebook!

1. **Entra en www.av2books.com**
   Go to www.av2books.com
2. **Ingresa tu código**
   Enter book code
   F337246
3. **¡Alimenta tu imaginación en línea!**
   Fuel your imagination online!

www.av2books.com

Published by AV² by Weigl
350 5th Avenue, 59th Floor New York, NY 10118
Website: www.av2books.com

Library of Congress Control Number: 2016956039

ISBN 978-1-4896-5585-1 (hardcover)
ISBN 978-1-4896-5586-8 (multi-user eBook)

Printed in the United States of America in Brainerd, Minnesota
1 2 3 4 5 6 7 8 9 0 20 19 18 17 16

112016
103116

Every reasonable effort has been made to trace ownership and to obtain permission to reprint copyright material. The publishers would be pleased to have any errors or omissions brought to their attention so that they may be corrected in subsequent printings.

Weigl acknowledges iStock, Corbis, Alamy, and Dreamstime as the primary image suppliers for this title.

Project Coordinator: Jared Siemens
Spanish Editor: Translation Cloud LLC
Designer: Terry Paulhus